LA QUESTION

DU

POLE NORD

LETTRES ADRESSÉES A M. JULES DUVAL

Vice-Président de la Société de Géographie, Directeur de l'*Économiste français.*

Extrait de *l'Économiste français.*

PAR

GUSTAVE LAMBERT

Ancien Élève de l'École polytechnique,
Attaché au Dépôt des Cartes et Plans de la Marine.

PARIS

ARTHUS BERTRAND, ÉDITEUR

LIBRAIRIE MARITIME ET SCIENTIFIQUE

LIBRAIRE DE LA SOCIÉTÉ DE GÉOGRAPHIE ET DE LA SOCIÉTÉ DE SAUVETAGE MARITIME

21, RUE HAUTEFEUILLE

—

1867

LA QUESTION
DU POLE NORD

PREMIÈRE LETTRE

MONSIEUR LE DIRECTEUR,

A la suite d'une longue conversation dont je conserverai l'excellent souvenir, vous avez bien voulu, en homme d'intelligence et de cœur, m'offrir une large hospitalité dans les colonnes de l'*Économiste français*, afin d'y exposer les bases principales de cette grande et haute question du Pôle Nord dont je cherche à saisir l'opinion publique de notre pays.

Vous me donnez voix et place, monsieur le directeur, sachant bien que la conviction qui m'anime n'est pas le fait d'un caprice d'imagination qui se perd dans l'inconnu, non plus que le résultat d'une conception de cabinet. Cette conviction a été puisée sur les lieux mêmes, après une rude exploration des abords de la route, et après avoir patiemment scruté les raisons théoriques et pratiques qui peuvent être invoquées.

Je croirais manquer à un devoir en ne vous adressant

pas tout d'abord mes plus chaleureux remercîments pour votre cordial et précieux appui.

Sans autre préambule, j'entre en matière, en divisant mon exposé, ou plutôt mon groupe d'indications, en deux parties distinctes :

1° La question scientifique ; deux lettres.

2° La question de réalisation ; deux lettres.

I

En premier lieu, quelques mots sur la température des zones polaires, et sur un point de pure théorie.

Un géomètre italien, feu Plana, avait publié sur ce point des recherches mathématiques à propos desquelles on a invoqué l'autorité de son nom. Ignorant les travaux de Plana, n'ayant pas son mémoire entre mes mains, j'ai cherché de mon côté ; il s'agissait, en somme, d'un point d'analyse mathématique sur lequel j'étais compétent et au niveau du genre de recherches. Le succès a couronné mes efforts, et j'ai pu déterminer les lois simples qui régissent l'*insolation*, ou quantité de chaleur versée par le soleil aux divers lieux du globe, aux diverses latitudes, aux diverses heures et aux diverses saisons. D'après le conseil et avec l'appui de plusieurs membres distingués de l'Académie des sciences, j'ai fait récemment une lecture à l'Institut ; ma communication rendue brève à dessein a pu être insérée dans les *Comptes rendus de l'Académie*. Je me propose de revenir prochainement sur ce sujet délicat dans un mémoire étendu.

Sans entrer dans des détails qui exigent la connaissance d'un langage technique peu familier à plus d'un lecteur, je puis indiquer brièvement le sens de quelques conclusions remarquables.

La *puissance d'insolation* en un lieu, à un moment donné,

dépend de l'angle formé par la verticale de ce lieu avec la ligne qui aboutit au soleil, angle qui porte le nom de distance zénithale. Cette puissance d'insolation ne doit pas être confondue avec l'effet thermométrique qui en est la conséquence, mais qui dépend en outre de nombre d'autres causes relatives à ce qu'on entend par chaleur latente et chaleur sensible, pouvoir absorbant, pouvoir rayonnant, capacité calorifique, rôle athermane de la couche d'air qui sert de duvet à la terre, courants aériens et océaniens, etc., etc....

Le calcul intégral permet de trouver les moyennes d'insolation pour chaque jour. Après m'être perdu dans des calculs énormes, je suis arrivé à des lois simples qui permettent de formuler des chiffres dont le seul examen dispense presque de commentaire.

Voici quelques-uns de ces chiffres.

Aux environs du 22 juin, époque du solstice d'été, la puissance d'insolation va en *croissant* depuis le cercle polaire jusqu'au pôle; à ce dernier point *il est midi toute la journée;* cette simple réflexion pourra faire comprendre à quelques lecteurs le sens réel de cette grave affirmation. Si l'on cherche les latitudes qui jouissent à ce moment de la même puissance d'insolation que le pôle, on trouve que le soleil verse la même quantité de chaleur au pôle Nord que par la latitude de 59° Nord et par la latitude de 25° Sud. Cela ne veut pas dire que la température est la même par 25° Sud, et par 90° Nord, puisque dans un cas il y avait une grande quantité de chaleur emmagasinée pour suffire aux pertes du rayonnement; mais ce chiffre est au moins fort curieux et en même temps fort important.

Aux environs du 22 mai et du 22 juillet, les parallèles d'insolation égale à celle du pôle sont 66° Nord et 33° Sud.

Aux environs du 7 mai et du 7 août, ces chiffres deviennent 72° Nord et 44° Sud; puis, vers le 22 avril et le 22 août, ils sont 78° Nord et 57° Sud.

Enfin, aux équinoxes, vers le 22 mars et le 22 septembre, le pôle ne reçoit plus de chaleur.

Sans entrer dans plus de détails, je puis m'étayer de ces chiffres pour dire que la mer Polaire n'est pas constamment recouverte d'une tunique de glace pendant la saison favorable, et qu'il est possible de pénétrer dans cette mer avec un navire.

Nous verrons les concordances pratiques qui corroborent cette vue; et il ne s'agit plus que de rechercher quelles sont les probabilités en faveur de l'existence d'une *mer* ou bien d'un *continent*. Les deux paragraphes suivants, relatifs aux *courants* et aux *glaces*, permettent, suivant moi, d'affirmer une mer libre au pôle Nord, et un continent au pôle Sud ; et ces deux affirmations me paraissent mériter quelque attention.

II

Examen des courants.

En 1827, Parry et son lieutenant Ross avaient essayé dans le Nord-Ouest du Spitzberg de gagner le pôle en traineau, en croyant à l'existence d'une croûte glacée continue.

Leur courage et leur énergie physique et morale furent vaincus : la dérive des glaces leur faisait perdre tout le chemin qu'ils avaient pu faire. Ils reculaient en avançant.

Donc il existait un courant intense allant du Nord au Sud, avec une profondeur d'eau suffisante pour faire flotter les glaces.

Ces courants ont été constatés par tous les navigateurs.

Moi-même, dans la mer Arctique, par 71° de latitude

Nord et 170° de longitude Ouest, j'ai pu constater, étant mouillé au large dans une épaisse banquise, un courant Nord et Sud de plus de deux nœuds de vitesse.

Un courant ne peut pas sortir d'une terre; il peut contourner une côte, s'infléchir suivant sa direction, se bifurquer, mais non pas jaillir d'un mur.

Un navire arrivant, par exemple, vers la côte Sud-Est de l'Amérique, au nord de la Patagonie, subit le courant du ***Mentor*** qui le pousse sur terre, puis s'infléchit en deux branches, l'une remontant la côte du Chili, l'autre contournant la Terre de Feu; mais pourrait-on concevoir en sens inverse un courant, qui ne serait pas de marée et qui repousserait de la côte d'Amérique, perpendiculairement à cette côte?

Un navire venant atterrir sur le milieu des côtes de France, vers la Rochelle, par exemple, pourrait-il être repoussé à l'Ouest par un courant sortant de France?

Vers le pôle Sud, au contraire, le seul voyage qui mérite réellement attention, celui de John Ross, ne constate pas, que je sache, de courant allant du Sud au Nord, ou refoulant le navire loin du pôle Sud.

Ces réflexions vont être utilisées un peu plus loin.

En abrégeant, autant que possible, je passe à l'étude des glaces.

III

Quand on a été assez heureux pour assister, en quelque sorte, à la genèse des glaces, on se trouve entraîné dans une série de considérations qui deborderaient de beaucoup le cadre étroit de ces pages. Je ne puis qu'analyser.

Lorsqu'une côte présente des pentes susceptibles de donner lieu à la formation de glaciers, ce qui exige que ces pentes ne soient ni trop abruptes ni trop plates, l'accumulation des neiges et les glaces, alternant avec des moraines qui produisent de véritables assises ou lits géologiques, forme une masse compacte. Les infiltrations entre le sol et la masse glacée donnent lieu à un plan de glissement, et le glacier est lancé à l'eau comme un navire qui part de son chantier.

Ainsi, par exemple, si le massif des Alpes était entouré par une mer, il est hors de doute que l'on trouverait aux abords de cette mer une ceinture de ces glaces colossales pareilles à celles qui cernent le pôle Sud, et que l'on voit aussi vers les parages du Groënland et vers les côtes du Nord de l'Europe.

D'après la densité théorique de la glace, la profondeur d'immersion est à peu près double de la hauteur au-dessus de l'eau. En dehors des considérations qui tiennent à des calculs de déplacement,.... la densité des grandes glaces, mélangées de moraines et de sables d'après même leur mode de formation, doit être notablement accrue; on peut admettre le rapport pratique de un à six au lieu de un à trois, entre les hauteurs d'émersion et les profondeurs d'immersion.

Aussi, lorsque l'on rencontre de ces énormes blocs ayant plus de 100 mètres au-dessus de l'eau, on peut affirmer une hauteur totale de 6 à 700 mètres, ce qui exige une grande profondeur d'eau pour rendre la glace flottante et non point *packed ice*, comme disent les Anglais.

Lorsque, au contraire, la glace se forme sur place, au-dessus de la mer, par suite de l'agglomération des débris de banquises, de la neige qui s'y accumule, — spectacle curieux à voir pour qui le voit de ses yeux, et dont la description exigerait plus d'une page, — cette glace ne peut atteindre de grandes dimensions en hauteur; par contre, elle s'étend en surface en recouvrant de vastes espaces.

Donc, la présence de grandes glaces permanentes sur un point, permet d'affirmer le voisinage de terres à glaciers.

Donc, la présence de glaces étendues en surface, mais d'une faible hauteur, permet d'affirmer une vaste superficie de mer libre; et s'il se mêle de hautes glaces à ces banquises plates, ce sont les courants qui les amènent, et quelquefois de fort loin. Les glaces possédant une grande hauteur subissent aussi d'une manière remarquable l'action des vents régnants, et l'on peut dire que ces grandes glaces sont de véritables navires à voiles allant toujours vent arrière.

Or, dans la mer Arctique, au-dessus du détroit de Behring, on ne voit que des glaces ayant à peine un ou deux mètres au-dessus de l'eau, et présentant parfois une étendue superficielle de plusieurs kilomètres. — Donc cela constate *une vaste mer libre*, sans terres, commençant, suivant moi, au détroit même de Behring, et ne possédant que des îlots isolés ou pitons analogues à *Herald* et *Plover*, les deux derniers sommets reconnus dans la mer polaire, et auxquels la dénomination de *piton* s'applique avec justesse; j'en parle pour les avoir vus de près.

Au contraire, autour du pôle Sud, Ross a rencontré et franchi une ceinture de glaces de hauteur colossale. — Donc cela constate, en s'ajoutant à l'absence de courants refoulant au Nord, la présence de terres glacières, et probablement un *continent compacte et montagneux!*

Les terres étant moins favorables que l'eau pour transformer la chaleur d'insolation en chaleur thermométrique, il doit faire plus froid au pôle Sud qu'au pôle Nord, malgré la symétrie théorique de l'insolation, aux deux saisons opposées et favorables. Cela paraît admis.

IV

Grâce à ces points de départ, en me fiant à l'intelligence du lecteur pour comprendre les sous-entendus, développer les conclusions, et dégager le sens probable des affirmations, je pourrais, dans ma seconde lettre, terminer l'analyse du côté scientifique de la question ; puis discuter et comparer les trois projets actuellement posés devant l'opinion, à savoir :

Le projet *anglais* de Sherard Osborne, capitaine de vaisseau de la marine royale britannique ;

Le projet *allemand* du docteur Auguste Petermann, dont le nom fait autorité en Allemagne ;

Et enfin mon propre projet, qui a au moins le faible mérite d'avoir été étudié sur place, théoriquement et pratiquement, et d'être sorti tout entier, si je puis m'exprimer ainsi, des entrailles mêmes du sujet.

Je m'abstiendrai de toute dissertation historique ; cela me prendrait une place précieuse, et ce serait faire double emploi avec quelques-unes de ces agréables compilations qui ont été publiées sur ce point, et qui suffisent parfaitement à donner une juste idée de la grandeur du problème, non moins qu'à faire ressortir les noms glorieux de ceux qui sont morts à la tâche, martyrs scientifiques.

Agréez, etc.

DEUXIÈME LETTRE

Monsieur le Directeur,

Dans ma première lettre, j'ai indiqué de la manière la plus brève possible, les considérations propres à la puissance d'insolation du soleil ou source de chaleur, aux courants et aux glaces, dans les zones polaires arctique et antarctique.

En m'étayant des conclusions de cette rapide analyse, je vais chercher à préciser les motifs qui m'ont conduit à préférer la voie de Behring pour atteindre plus facilement le pôle Nord, à l'encontre des deux autres voies recommandées par les marins de l'Angleterre et les savants de l'Allemagne.

A mon retour en Europe, après la rude campagne où j'avais été scruter, sur les lieux mêmes, les raisons de croire au succès d'une nouvelle tentative dans le but d'arriver au 90e degré de latitude, je me croyais le seul à revenir encore sur ce difficile problème géographique que je croyais abandonné depuis longtemps à la suite de la campagne du *Fox*, commandant Mac-Clintock : ce navire, armé par les soins de lady Franklin, avait retrouvé tous les débris et les cadavres des équipages de l'*Erebus* et de la *Terror*, et cette expédition semblait être le témoin du dernier effort de l'homme pour dévoiler les mystères de la mer arctique.

Je sentais combien il me faudrait de persistance pour

faire partager ma conviction à l'opinon publique. J'ai dû, tout d'abord, m'adresser à la Société de géographie de France, seule autorité compétente. MM. Malte-Brun et Maunoir, tous deux secrétaires de cette Société dont vous-même êtes un des vice-présidents, m'ont obligeamment communiqué tous les documents essentiels; j'ai éprouvé un plaisir vif à voir qu'un grand et récent retentissement s'était fait autour de cette question du pôle Nord. Si donc, quelque lecteur se posait à lui-même, ou posait cette demande : *Mais à quoi bon aller au pôle Nord?* je pourrais le renvoyer aux discussions animées qui se sont produites sur ce sujet au sein des sociétés géographiques de l'Europe ; la vivacité de la discussion portant, non point sur l'importance même de l'entreprise, admise unanimement par tous, mais uniquement sur le choix de la meilleure route à suivre pour atteindre plus facilement le but.

Sans même analyser les motifs considérables qui font de l'accès du pôle une question scientifique de premier ordre, je passe à l'examen des projets mis en balance.

I

Pour bien saisir le caractère du projet du capitaine Sherard Osborne, il est essentiel de dire quelques mots sur le voyage de Parry en 1827, et sur le voyage de Kane en 1853-55.

A l'époque où Edward Parry entreprit son voyage, ayant pour adjoint Ross et Crozier, — c'est ce dernier qui devint, après la mort de Franklin, le chef de l'expédition, et qui périt de misère, de froid et de faim avec les 138 marins qui montaient l'*Erebus* et la *Terror ;* l'examen des cadavres a donné la preuve d'actes de cannibalisme, — on était convaincu que la zone arctique était recouverte d'une croûte de glace continue. Dès lors il était naturel de chercher à parvenir au pôle en traîneau. J'ai dit que l'insuccès de cette tentative était une des preuves les plus saillantes que l'on pouvait invoquer en faveur d'une mer libre polaire, puisqu'il dénotait un courant intense allant du Nord au Sud. On peut même abriter cette conclusion sous l'autorité du nom de Parry, puisque ce marin éminent exprimait, dans son rapport, le regret de n'avoir pas cherché à franchir avec son navire la banquise meuble et fuyante sur laquelle il avait fait assez de chemin pour atteindre le 90ᵉ parallèle, et qui présentait assez de fissures ou de joints pour donner passage à un bâtiment. Cet essai de voyage en traîneau avait eu lieu dans le Nord-Ouest du Spitzberg.

Si l'on jette un coup d'œil sur une carte du Nord-Amérique, on voit la mer ou baie de Baffin séparer le Groënland du continent américain et des groupes d'îles situées au Nord. Divers détroits s'ouvrent dans cette baie, et l'un d'eux, le détroit de Smith, court presque Nord et Sud. Au tiers de ce chenal, et sur la droite, on voit la baie *Peabody*, au sud de laquelle, dans le havre de *Rensselaer*, l'Américain Elisha Kane, avec 17 compagnons, a subi deux hivernages. Au mois de juin 1854, le plus valide de l'équipage, Morton, accompagné d'un Groënlandais, a poussé droit au nord en traîneau. Arrivé à l'extrémité du détroit de Smith, sur son bord oriental, il gravit une montagne escarpée; de là, à quelque cent mètres de hauteur, il vit une mer libre, dégagée de glaces; la maigre végétation de ces parages, en regard de celle qui se voyait aux latitudes inférieures, témoignait d'un adoucissement notable dans la température. Après avoir fait flotter la bannière de l'Union américaine sur le point le plus nord où les hommes soient parvenus, *sur le cap de la Constitution*, Morton revint épuisé auprès de ses compagnons; ce ne fut que l'année suivante, après un second hivèrnage, que Kane et ses amis survivants furent recueillis, et bien juste à temps, par un navire danois; après de terribles épreuves, après avoir abandonné leur navire l'*Advance*, après avoir fait quatre cents lieues en partie sur la glace, avec l'aide de trois petites embarcations, dont l'une fut mise en pièces pour faire du bois de chauffage.

Le capitaine Sherard Osborne, qui avait pris part déjà à deux des expéditions arctiques entreprises à la recherche de Franklin, vint saisir la Société de géographie de Londres en 1865 de son nouveau projet.

Suivant lui, l'hypothèse de la croûte glacée continue, recouvrant toute la calotte polaire, est vraie, malgré l'opinion même de Parry. La mer prétendue libre, vue par Morton, ne pouvait être qu'une ouverture ou large fissure au milieu d'une banquise momentanément brisée et détachée, pour un court instant, de ce vaste glacier qui doit constituer toute la région boréale extrême.

Dans cette conviction, il fallait reprendre la voie du Groënland, remonter le détroit de Smith en navire, aussi loin que possible, et de là marcher au pôle en traîneau.

La longueur de la route à faire n'excède pas 900 kilomètres. Des routes plus longues, parcourues dans des conditions aussi rudes, dans des parages identiques, n'ont pas suffi à vaincre l'énergie et la résolution de ceux qui les entreprenaient; le succès doit donc couronner tôt ou tard une nouvelle tentative. . . . .

Ce projet obtint tous les suffrages de la Société de Géographie anglaise, et nombre d'autres Sociétés savantes, telles que la Société Royale, la Société Linnéenne... l'appuyèrent chaudement. De là à l'exécution, en Angleterre, il n'y avait qu'un pas, et ce pas lui-même eût peut-être été franchi immédiatement sans le contre-projet présenté par le docteur Auguste Petermann.

II

Il fallait le poids d'un nom aussi autorisé que celui du savant géographe allemand pour contre-balancer l'élan avec lequel le premier projet avait été accueilli.

M. Petermann recommandait, au contraire, la direction que suit le courant du *gulf-stream* en s'infléchissant le long des côtes Ouest de la Nouvelle-Zemble, à l'Est du groupe des îles Spitzbergen. Suivant lui, on devait atteindre le pôle sans quitter le navire ; M. Petermann croyait à l'existence d'une mer libre.

D'ailleurs, en examinant le but en lui-même, il ne s'agit pas seulement d'atteindre le point où se croisent tous les méridiens, et où, par conséquent, il n'y a plus d'heure par rapport à un lieu déterminé ; il s'agit de scruter les lois naturelles dans un milieu spécial.

A vrai dire, pour mon compte, quoique je considère un séjour de quelques mois comme pouvant suffire à établir nombre de points importants, ce qui me séduirait le plus, ce serait un hivernage au pôle Nord même ; à bord d'un navire convenablement muni, approvisionné et précautionné, cet hivernage n'a rien qui dépasse la résolution et la force humaines. Des hommes possédant un acquit sérieux, étant imbus de la notion de *lois scientifiques*, sachant voir ce qui se passe autour d'eux, ce qui est plus difficile ou plus rare qu'on ne le croit souvent, rapporteraient d'un séjour aussi exceptionnel des documents intéressants à plus d'un titre.

Pour faire 1,800 kilomètres en traîneau, ce qui forme le total du chemin d'aller et retour, il faudrait quarante-cinq jours à 40 kilomètres par jour. En supposant même que l'on pût reconnaître le 90° de latitude, on ne pourrait y faire aucune observation de longue haleine. Sans parler de ce bagage d'instruments indispensables qui prendrait une place précieuse ou nécessaire pour les approvisionnements eux-mêmes, on doit reconnaître que le caractère scientifique de l'entreprise serait singulièrement amoindri par le mode même d'exécution, et il faudrait que ce mode fût le seul possible pour être accepté.

En dehors des résultats mathématiques obtenus par Plana et par moi-même, touchant la température des zones boréales, l'opinion de M. Petermann est corroborée par tout ce que l'on sait des courants et des glaces. De plus, on cite un bassin libre, la ***Polynia***, au nord de la Sibérie, près des côtes de la Nouvelle-Sibérie, dernière terre qui limite la mer arctique du côté de l'Est, quand on y pénètre par Behring.

L'avis de M. Petermann fut appuyé par les amiraux Belcher et Ommaney, le général Sabine, le capitaine Inglefield.

Les amiraux Back, Mac-Clintock et Collinson persistèrent dans leur première opinion.

L'amiral Collinson commandait précisément l'***Entreprise***, dans l'une des plus belles campagnes du Nord, ayant sous ses ordres l'***Investigator***, commandant Mac-Lure. Celui-ci ayant pu atteindre Behring le premier, après une traversée inouïe de vitesse et qui fait époque dans les fastes maritimes, s'engagea immédiatement dans le chemin du Nord-Amérique et il eut l'honneur de revenir en Angleterre par l'Atlantique, mais non pas, il est vrai, avec l'***Investigator*** qui dut être abandonné dans les glaces après trois hivernages.

L'amiral Collinson ne put forcer la barrière de glaces qui

avaient déjà dérivé beaucoup plus au sud qu'au moment où Mac-Lure avait doublé le cap Barrow; si cet habile et intrépide marin s'était retourné vers l'Ouest, après avoir rejoint les deux navires *Herald* et *Plower* qui stationnaient auprès des îles de leur nom, peut-être eût-il eu le premier l'honneur de naviguer dans la mer libre du pôle, précisément par la route où je compte parvenir au but.

III

En résumant :

La tenace énergie des marins anglais s'était exclusivement préoccupée des moyens d'arriver à la découverte du passage du Nord-Ouest, dans le but de pénétrer directement de l'Atlantique dans le Pacifique, sans être dans la nécessité de faire le long détour du chemin par le cap Horn, long détour qui sera toujours une nécessité tant que l'on ne réalisera pas à Panama une coupure analogue à celle de Súez; car le passage du Nord-Ouest, parfaitement tracé sur les cartes, ne peut pas être utilisable pour le transit, et ce ne sera que par un concours fortuit d'heureux hasards qu'un navire pourra réussir à passer par cette voie d'un océan dans l'autre.

Les navires engagés le plus près possible de la côte d'Amérique, au milieu d'un réseau inextricable d'îles et de détroits constamment encombrés par les glaces, ont pu compléter un ensemble de travaux hydrographiques considérables, mais non pas réussir à se frayer un passage qui ne peut être découvert qu'à la condition de fuir les terres le plus possible.

Fuir les terres, autant que faire se peut, ce doit être, à mon sens, l'iée fixe de tout marin polaire; c'est le nœud gordien de la question.

De même, lorsque le Hollandais Barentz entreprenait son remarquable voyage, en vue de découvrir le passage du Nord-Est, s'il eût eu présente à l'esprit cette sage recommandation que je signale, peut-être se fût-il précisément engagé dans la passe préconisée par M. Petermann, et peut-être eût-il atteint et son but et le pôle même.

Toutefois, dans cette direction, la présence des terres à glaciers et des grandes glaces qui en sont la conséquence, me paraissent mêler une difficulté de plus aux autres difficultés du problème, et tout en reconnaissant le caractère pratique et possible de ce projet, je persiste de plus en plus à préférer la voie de Behring, où l'on entre de plein saut dans la mer polaire même, et où les glaces sont toutes plates et basses, attestant de vastes superficies d'eau libre.

Au reste, l'approbation flatteuse et en même temps si précieuse pour moi, qu'a bien voulu m'adresser le savant allemand, me paraît un gage de plus de la bonté de mon opinion. Ce n'est pas sans émotion que je me permets de dire que M. Petermann termine sa lettre en faisant des vœux en faveur de mon expédition, et qu'il applaudira si la France arrive la première au pôle Nord. Par ce temps de patriotisme souvent étroit, et parfois exclusif, cette pensée haute et digne m'a paru mériter d'être relevée.

Quant au remarquable et hardi projet de Sherard Osborne, je ne le crois pas praticable dans l'été ; au contraire, en hiver, son succès serait certain ; peut-être trouverait-on un moyen mécanique de faire mouvoir de grands traîneaux, et dans ce cas encore la passe de Behring serait préférable, comme présentant des surfaces glacées tout d'une pièce, plus unies et moins accidentées que dans les parages où sont les groupes d'îles. Mais, en hiver, la rigueur du climat pourrait être considérée comme un *impedimentum* pour une expédition exigeant toutes les ressources de l'activité physique et morale.

Pour le pôle Sud, au contraire, le projet Petermann, et le mien propre, céderaient le pas au projet Sherard Osborne.

Je me fais fort, — autant du moins qu'une affirmation de ce genre peut sortir d'une bouche humaine, si l'on tient compte de la part de l'imprévu et de l'inconnu, cette part du lion, comme disait Arago, mais qui souvent aussi est la part des écrasements pour la volonté de l'homme, quelque énergique qu'elle soit, — je me fais fort d'atteindre le pôle Nord en navire et le pôle Sud en traîneau, ou avec un mode de locomotion quelconque. Dans ce dernier cas, il se peut que de profondes échancrures dans les terres permettent d'arriver près du but avec des embarcations.

Donc, pour atteindre le pôle Nord, je crois bon de proposer la voie de Behring, en remontant vers le Nord-Ouest.

La seule hypothèse, désastreuse et ruineuse pour le succès, consisterait à admettre une ligne continue de bas-fonds infranchissables aux navires, et accélérant même par leur présence la vitesse des courants, pour compenser le manque de profondeur de l'eau par la rapidité du débit.

En dehors de ce fait, qui ne paraît pas probable sur toute une longue ceinture, on rencontre les banquises dites éternelles, ou *packed ice*, à des limites variables chaque année et à chaque saison. C'est ainsi que le hardi Collinson ne put passer là ou Mac-Lure avait navigué un mois auparavant. Sans même se réfugier dans une affirmation analogue à celle de Ross, à savoir qu'en cherchant bien on trouve toujours une fissure, la présence de ces glaces ne doit être qu'un jeu pour le marin. C'est avec de la poudre à coup de mines, que l'on fera sauter les glaces, et que l'on dessinera dans leur sein le sillage du navire.

Je regretterais fort que cette phrase pût être considérée comme l'expression d'une fanfaronnade de circonstance : ce que je viens de dire est très-pratique; cela s'est fait, cela se fera, et plus facilement qu'ailleurs, pour les glaces plates de Behring.

En attendant ma prochaine lettre, veuillez, monsieur le directeur, agréer, etc

TROISIÈME LETTRE

Monsieur le Directeur,

Avant de passer à l'examen des conditions financières relatives à une réalisation de l'entreprise scientifique, qui aurait pour but l'accès du pôle Nord et l'exploration des parages voisins, il m'a paru utile d'indiquer quelques-unes des conditions techniques auxquelles devrait satisfaire un navire disposé pour entreprendre cette rude campagne.

Une longue expérience de la navigation arctique a permis de bien connaître les précautions à prendre, tant au point de vue des emménagements spéciaux qu'à celui non moins important de l'hygiène ou conservation du personnel. Je vais passer en revue, rapidement, quelques-uns des points les plus essentiels pour lutter surtout contre le grand ennemi, qui est la glace flottante, et dont le choc peut couler un navire sur place en quelques minutes, si l'on omet de satisfaire à toutes les exigences pour assurer la sécurité.

I

Un tonnage de 600 à 700 tonneaux est suffisant, mais non pas trop grand pour satisfaire à toutes les conditions d'approvisionnements, d'hygiène et de bien-être du personnel. La condition de vitesse, condition toujours précieuse en thèse générale, doit être considérée comme secondaire dans ce cas, et, s'il le faut, résolûment sacrifiée; le principal inconvénient, et il est d'un faible poids, proviendra de l'allongement de la traversée par le cap Horn.

Un navire très-large de flanc, relativement court, évoluant facilement, ayant peu de tirant d'eau, beaucoup de stabilité de forme et peu de finesse dans les façons; des bas-mâts de très-fort échantillon; le système des doubles vergues pour éviter le plus possible d'envoyer les hommes en haut; beaucoup de croisure et peu de guindant; suppression des frottements pour les passages des manœuvres, avec un bon système de pouliage, en rendant le brassage facile avec un très-petit nombre d'hommes; des fonds solides, à maille pleine; un épais soufflage extérieur sur les joues et sur les flancs de l'avant; des pavois très-bas, afin que, de tous les points du pont, chacun puisse apercevoir tout ce qui se passe à la mer sans que l'on soit obligé de se rendre à un poste d'observation; les espars de rechange placés contre les pavois, en laissant le pont libre et sans drome. Six pirogues baleinières suspendues sur daviers et sur crênes; point de grande chaloupe; les embarcations de rechange formant un abri à hauteur d'homme vers les passavants; le gaillard d'avant ou teugue ayant aussi hauteur d'homme et étant très-large; à l'arrière, un abri spécial pour le timonier...... Telles sont, en bloc, les conditions générales et extérieures que devra remplir le navire *Boréal*.

Je vais insister un peu plus sur trois points caractéristiques.

Premier point. Il faut un avant formidable de défense, capable de lutter contre les glaces sans que l'étrave soit coupée ou démolie. Une étrave droite, parfaitement consolidée, serait préférable à un éperon; quelque solide que puisse être l'étrave, cela serait insuffisant; il est nécessaire d'avoir un double avant, les deux étraves étant séparées par un puits, la première supportant les chocs et pouvant être trouée ou brisée sans que la seconde pût être atteinte. Une cuirasse métallique serait excellente sur les flancs de l'avant; il ne serait pas nécessaire de donner à cette cuirasse une épaisseur aussi forte que pour des navires de guerre dits *cuirassés;* en outre, elle serait en quelque sorte renversée, en ce sens que la cuirasse du navire de guerre recouvre les hauts du bâtiment et ne plonge guère que d'un mètre sous l'eau, tandis qu'au contraire une armature métallique destinée à protéger l'avant-carène contre le choc des glaces, devrait recouvrir tout l'avant jusqu'à une faible hauteur au-dessus de l'eau.

Deuxième point. L'intérieur de la coque devrait être partagé en quatre ou cinq grands compartiments étanches par des cloisons latitudinales. Ces cloisons seraient formées par de véritables murailles ou lignes de barrots superposés qui donneraient ainsi, en poutres d'échantillon égal à celui des barrots eux-mêmes, un système d'entretoises destinées à résister à un écrasement du dehors. Chaque compartiment aurait ses pompes à part, et chacun d'eux pourrait contenir en plus deux ou plusieurs grands charniers en fer dont les formes s'infléchiraient suivant les lignes intérieures du vaigrage. La flexibilité des liaisons du navire ne permettrait pas d'obtenir des compartiments absolument étanches; mais, et surtout à l'aide des charniers, si la coque était, d'aventure, percée en un point par un choc de glaçon, le navire serait assuré contre la mauvaise fortune de couler bas; en supposant même que l'un des compartiments fût complétement envahi par l'eau, les autres compartiments suffiraient à faire flotter le bâtiment, malgré l'infiltration à travers les cloisons, jusqu'au moment où l'on pourrait, bien ou mal, réparer le désastre. Les charniers en fer serviraient ainsi, soit de coffres à eau, soit de réservoirs à huile, soit enfin de caisses à air.

Troisième point spécial à l'hygiène du bord. Un navire étant, en quelque sorte, un animal vivant, il est nécessaire que ses organes vitaux conservent la vie dans toute sa plénitude. Au lieu du logement rétréci qui est accordé aux matelots sur les bâtiments ordinaires, logement jointif à l'étrave, il serait nécessaire d'employer l'un des grands panneaux, pour descendre dans un vaste logement où chaque homme aurait sa cabine parfaitement calfeutrée et à l'abri de tout courant d'air. Des moyens d'aération sérieux seraient employés, même à l'aide de pompes à air. En grand froid et en cas d'hivernage, un circuit tubulaire entretiendrait une température constante, mais non pas élevée, aussi basse que possible sans nuire aux besoins du repos, afin de donner lieu à la transition la plus minime possible entre le séjour en bas et le séjour à l'air pour les besoins du service. Cette température pourrait être obtenue par un courant d'eau chaude ou de vapeur que fournirait un appareil distillatoire susceptible d'être chauffé à la fois au charbon, au bois, à l'*huile*, suivant l'occurrence. La chambre dudit appareil serait disposée de façon à permettre sa transformation en séchoir pour les effets de laine qui, une fois mouillés, ne perdent jamais, dans ces climats, leur humidité au dehors. L'équipement tout spécial des hommes ne serait pas laissé à leur incurie ou à leur initiative, et il faudrait veiller à ce que chacun, pour se reposer, ait toujours entre autres un vêtement de laine absolument sec et réservé exclusivement à cet usage. Pour conserver un équipage en bonne santé, chose si importante dans des conditions de campagne aussi exceptionnelles, il faudra veiller avec grand soin à l'aération, à la propreté minutieuse du logement, et surtout, et j'insiste encore, à ce que les vêtements soient toujours secs. Quant aux vivres, en dehors des prescriptions essentielles et usuelles, et en dehors aussi du contingent précieux que peuvent fournir la chasse et la pêche, il importe de bien se rappeler que la grande panacée anti-scorbutique est la *pomme de terre*, dont on devra exagérer les approvisionnements. On pourra facilement ajouter quelque peu de viande fraîche, en emportant des animaux que l'on abat au moment voulu, et dont la chair se conserve des mois entiers sous les froides latitudes; puis du pain frais qui, au point de vue *économie*, ne revient pas beaucoup plus cher que le biscuit.

J'arrive à un point qui se rattache étroitement à l'hygiène et qui est d'une haute importance pratique. Il m'a semblé, monsieur le directeur, que j'eusse manqué à un devoir, et envers mon sujet et envers l'*Économiste*, en ne marquant pas la trace de cette pensée.

Les dignes chefs anglais qui ont hiverné au pôle ont réussi à mériter l'affection de leurs équipages, ce qui contribue à raffermir encore la subordination essentielle à toute entreprise, et plus encore à une entreprise de cette nature. Dans la longue nuit de l'hiver boréal, chaque officier se transformait en maître bienveillant auprès d'hommes heureux d'être disciples assidus. L'obéissance inerte se doublait de gratitude et de dévouement. On évitait l'ennui non moins que la sombre préoccupation de l'heure présente.

Je ne pousse pas l'exagération jusqu'à prétendre que tout navire puisse, à certaines heures, se transformer en lieu d'étude, quoiqu'il y ait quelque chose à faire dans cette voie sérieuse. Mais, pour ma part, si j'ai été assez heureux pour participer, dans l'une de nos grandes écoles, au bénéfice de l'instruction, sous la forme la plus haute que puisse accorder la civilisation de notre temps, je dois me reconnaître comptable du peu que je sais, comme d'une dette sociale, envers les déshérités du savoir qui seront à mon bord; ceux-là, déjà en nombre, qui m'ont demandé à partager, si je pars, le périlleux honneur de cette campagne, seront animés du même esprit.

Oui, la préoccupation constante du chef maritime doit être d'améliorer la situation physique et morale de tous ses compagnons, de faire tout ce qui est humainement possible, en dehors des légitimes exigences du service, pour alléger le fardeau commun. La bienveillance et la bonté ne sont nullement inconciliables avec l'énergie et la résolution nécessaires à l'homme qui commande. Cet homme, même au point de vue exclusif de l'*utilité*, devra user dignement de son autorité, et non pas agir en bête immonde et malfaisante, comme on en voit encore quelques rares exemples, comme j'en ai vu de bien près; de pareils chefs mériteraient d'être cassés, sévèrement punis et flétris, pour l'indigne abus qu'ils font de l'autorité discrétionnaire qui leur est confiée.

II

Après cet aperçu général, tenant à la nature des choses et des obstacles, je vais examiner la question d'un moteur, et celle du combustible que nécessite son emploi.

En supposant que l'on puisse faire la campagne avec un bâtiment à vapeur, on doit dire tout d'abord que ce bâtiment serait *mixte;* car la nécessité d'économiser le combustible, pour le réserver précisément aux heures graves, ferait naviguer à la voile la plupart du temps.

La roue présente de grands inconvénients. Les chapeaux et chaises des paliers de l'arbre moteur seraient engorgés par la glace à l'heure accidentelle de l'utilisation, et il faudrait lancer sur ces points au préalable des jets de vapeur avant de mettre la machine en marche. L'inconvénient le plus grave, quand on naviguerait dans la banquise, serait de choquer les glaces avec les roues, et tout se briserait.

J'avais pensé à installer des roues d'un certain modèle, susceptibles de se démonter en moins d'une heure et appliquées pour le besoin du moment aux flancs du navire auquel elles n'auraient donné qu'une vitesse de 2 ou 3 nœuds au plus; cela à l'aide d'une locomobile qui, dans mes calculs, n'exigeait pas une force de plus de 7 à 8 chevaux. Car dans ce cas, comme pour la voile, la question de grande vitesse est des plus secondaires. Cette locomobile s'utilisait en plus pour nombre d'usages de force à bord. Ce moyen très-pratique tel que je l'avais conçu, pourrait s'utiliser surtout pour sortir des baies ou gagner un mouillage, et le choc des glaces ne pourrait que *désarçonner les roues*, si le lecteur veut me passer cette figure, sans grand dommage pour l'appareil et ses liaisons.

Pour se rendre compte de l'inconvénient que présente aussi l'emploi de l'hélice, il faut se rappeler que le plus grand danger que font courir les glaces, quand l'étrave est solide, c'est la perte du gouvernail choqué sur l'arrière. Quand la manœuvre est la plus précieuse et la plus essentielle, c'est chose grave que de perdre l'appareil directeur, auquel on ne supplée que bien difficilement par les gouvernails de fortune les mieux installés, et qui, dans ces rudes climats, sont plus difficiles encore à bien établir.

Or, le choc des glaces qui suffit à démonter un gouvernail peut briser les branches de l'hélice et supprimer le moteur. L'action de la gelée n'est pas à craindre, puisque le trou de l'arbre de l'hélice est profondément caché sous l'eau.

Un ingénieur français, M. Courbebaisse je crois, avait

proposé d'aspirer l'eau à l'avant en la refoulant à l'arrière par un tube appliqué sur la quille et muni de deux clapets; on transformait ainsi l'eau en une chaîne liquide de touage. Ce mode a été appliqué, puis abandonné comme donnant un rendement mécanique trop inférieur et des vitesses insuffisantes ; pour le cas qui nous occupe, ce moyen serait bon, malgré le mauvais rendement ou la vitesse réduite, parce que les *organes d'action sont tous intérieurs*, et que les *nageoires* ou leurs équivalents, roues ou ailes d'hélices, ne peuvent plus être brisées puisqu'on les supprime. Ce moyen serait donc *bon* dans ce cas, quoique vicieux en application générale. Son vice provient, d'après l'examen des formules qui régissent la loi de propulsion, de la petitesse des orifices comparés à l'étendue de la maîtresse section du navire, et de la rapidité trop faible que l'on peut donner au flux d'eau jaillissante au moyen d'un *mouvement rectiligne.* En accroissant la rapidité de ce flux, on peut transformer le navire en une véritable *fusée à eau* ; on a construit en Angleterre un navire qui marche, basé sur ce principe, et où le refoulement intérieur de l'eau est produit par une turbine, ou mouvement circonférenciel, qui accroît considérablement la vitesse d'expulsion. En admettant même une infériorité d'utilisation et de vitesse, ce moyen serait préférable aux trois autres.

Ce dernier procédé me sert de transition pour arriver à un moyen qui a été proposé depuis plusieurs années, mais qui n'a pas été soumis au contrôle expérimental.

Au lieu de faire une *fusée à eau*, ne peut-on pas essayer de faire une *fusée à vapeur?* Chacun sait que c'est l'injecteur Giffard qui remplace maintenant à peu près partout l'emploi de la pompe alimentaire; à son apparition, quelques théoriciens virent dans cet instrument un paradoxe inexplicable. L'injecteur Giffard marche au su et au vu de tout le monde ; son mode d'action provient de ce que la vapeur, avant d'avoir le temps de se condenser, agit avec un très-petit poids et une énorme vitesse pour enlever avec une vitesse réduite un poids d'eau relativement considérable ; le principe des forces vives permet d'établir l'équation assez simple qui régit le phénomène, avec l'introduction d'un coefficient pratiquement de rendement ou d'utilisation ; le même principe, et presque la même équation, appliqué à l'expulsion de la vapeur à l'arrière du navire par un orifice placé aussi bas que possible, sur la quille même, permet d'affirmer que le navire marchera ; cela n'est pas douteux, cela n'est pas même la question ; il s'agit de savoir quel sera le rendement de la vapeur en vitesse, ou *travail utile*. Or il est présumable qu'une petite embarcation, sur laquelle les expériences seraient très-faciles à faire, avec les moyens des ports, marcherait, et marcherait bien, avec un rendement tolérable, tandis qu'il est possible, au contraire, que le rendement fût ridiculement trop faible pour un grand navire, et fût dès lors la condamnation pratique d'un moyen juste en soi, mais absolument inutilisable. Toute conception mécanique destinée à produire un effort consiste à opérer sur un grand poids doué d'une petite vitesse, au moyen d'un poids faible doué d'une très-grande vitesse, et, dans ce cas, la suppression de tous les organes mécaniques serait un bienfait inestimable. Cela n'est pas seulement vrai pour un *flux de vapeur;* un flux de gaz provenant de l'incandescence sagement conduite de la *poudre*, ou d'une machine à *air chaud*, donnerait un résultat du même ordre, et même préférable, puisque la condensation qui affaiblit l'action de la vapeur, celle-ci ne produisant même son effet utile qu'avant le court instant qui précède son changement d'état, n'aurait pas à se produire. En tout cas, une légère yole, munie d'une chaudière basée sur ce principe, serait à même de rendre d'excellents services pour une campagne de ce genre.

Reste la question du combustible. *Force* ou *chaleur*, c'est tout un, et toute question de force se traduit par une question, non-seulement de dépense, mais d'*approvisionnements*.

Il serait utile que les fourneaux d'un appareil moteur aussi réduit que celui que comporterait le navire *Boréal*, fussent disposés de façon à pouvoir brûler du bois aussi bien que du charbon. On peut, dans de nombreux cas, se procurer du bois, que l'on n'a que la peine de prendre, tandis que le charbon ne se trouve que dans des lieux d'escale spéciaux, dans des dépôts préparés de longue main. Il y a bien, sur le littoral arctique, des gisements houillers; ainsi, vers le cap Lisburne, sur la côte Est de l'Amérique, on voit une couche houillère affleurer le sol; mais à part quelques pelletées qui pourraient être prises, il est bien évident qu'un banc de houille ne se lève pas ainsi, et qu'il faudrait toute une longue installation préalable pour utiliser ce précieux dépôt naturel.

Ce qu'il convient de faire ressortir, ce serait surtout la nécessité de disposer les fourneaux de manière à permettre d'y comburer l'*huile!* Ce combustible donne 10,000 calories au kilogramme; c'est un des plus riches en force; or cette huile existe dans d'énormes dépôts naturels, animés, il est vrai, agiles, fuyant sous la poursuite de l'homme, mais que l'homme sait atteindre. L'*huile de baleine* serait un combustible des plus précieux et une ressource des plus heureuses, aussi bien pour combattre le froid, ce terrible ennemi qu'amène l'hiver polaire, que pour engendrer de la force. En tenant compte du rapport des puissances calorifiques, une baleine ordinaire représente plus de *trente tonneaux de houille*. Trente tonnes seraient un faible appoint pour nos gigantesques machines marines, mais, au contraire, un précieux apport pour un appareil aussi secondaire que celui qu'il conviendrait d'utiliser. Ce mode de production de la force motrice, ou de la chaleur à bord, serait, il est vrai, fort coûteux; ainsi, en défalquant la valeur des fanons, ce combustible représenterait de la houille à 500 fr. la tonne! Mais ici, je parle science, moyen d'action, et non pas économie. Lorsqu'il s'agirait d'une expédition scientifique à sauver, tant au matériel qu'au personnel, corps et biens, la dépense ne se compterait pas.

Pour moi, tout en reconnaissant l'énorme supériorité d'un navire doué d'une force sur le navire inerte ou jouet des caprices de la brise, je me contenterai d'un bâtiment à voiles, et avec lui seul j'irai en toute confiance, convaincu d'arriver à résoudre le problème qui consiste à atteindre le pôle Nord. Au fond, cela n'est qu'une question d'argent, et il est certain que si l'intérêt public s'accentuait vivement dans le sens des sympathies qui commencent à se témoigner autour de mon projet, cette face du sujet pourrait devenir secondaire; mais, pour le présent, cette face est vitale; tout est là. Pourra-t-on réaliser l'entreprise ou ne le pourra-t-on pas? En d'autres termes, trouvera-t-on l'argent nécessaire à l'armement? Si l'on réussit à grouper autour de cette pensée d'exploration du pôle Nord des sympathies assez ardentes et assez nombreuses pour produire une somme considérable, on peut faire largement les choses; sinon il faut se contenter de peu, et arriver au but avec les plus faibles moyens d'action possibles. Dans ma prochaine lettre, j'esquisserai l'ensemble de mon plan financier.

Agréez, monsieur le directeur, etc.

QUATRIÈME ET DERNIÈRE LETTRE.

Monsieur le Directeur,

Étant admis :

1° — Un adoucissement de température dans les zones polaires, basée sur les lois de l'insolation ;

2° — La probabilité ou la certitude d'une mer libre dans la zone boréale, basée sur l'observation pratique des courants et des glaces ;

3° — La possibilité, par suite, d'atteindre le pôle Nord en navire ;

4° — Le choix de la passe de Behring comme étant préférable à toute autre, par le fait même de l'absence de terres à glaciers et de hautes glaces dans cette partie de la mer Arctique.

Il reste à examiner quelles peuvent être les conditions financières de l'exécution de l'entreprise.

On ne peut concevoir que trois moyens :

Ou bien l'action de l'État ;

Ou bien des souscriptions privées, avec perte sèche du capital engagé ;

Ou bien l'union entre la science et l'industrie, en vue de reconstituer le capital par le fait même de l'opération industrielle, laquelle ne peut pas apporter la moindre entrave au fait d'exploration ; la recherche spéculative, qui est le mobile de ce grand projet, ne pouvant, elle non plus, compromettre en quoi que ce puisse être le succès de l'acte industriel.

Je vais examiner ces trois points sommairement et avec une grande réserve.

I

D'après de nouvelles propositions extrêmement récentes soumises à l'Amirauté, le projet anglais devrait être réalisé au moyen des ressources de l'État. Ce fait pourrait surprendre ceux-là qui savent combien l'or ruisselle facilement en Angleterre en faveur de toute grande entreprise, sans que l'on ait besoin de recourir à la force collective du domaine commun.

Je n'ai pas à indiquer les motifs qui peuvent avoir engagé les auteurs du projet à solliciter l'État plutôt que l'initiative privée. On doit reconnaître que le rôle de l'État présente souvent un surcroît de garantie dans l'exécution. De plus, dans tous les pays européens, et principalement sur le continent, les mœurs consacrent une sorte de rehaussement pour toute entreprise revêtue d'une attache officielle : ce que l'on entend par considération, chose naturellement fort recherchée, est souvent aux yeux du plus grand nombre la conséquence ordinaire de cette attache officielle. Quoique ce trait général de mœurs, que l'on peut critiquer, mais qui est un fait, semble parfois confiner à un simple et léger sentiment de vanité, il n'en est pas moins vrai qu'il peut servir de mobile très-réel, et qu'il prend son point de départ dans le fond même de la nature humaine ; il est vrai aussi qu'il ne constitue pas une nécessité indispensable d'exécution, et que l'on peut s'élever au-dessus de quelques-unes de ces lueurs prestigieuses et miroitantes, sans nuire à la solidité d'une entreprise.

L'État a pour but de réaliser, au moyen des forces collectives recueillies par l'impôt, les œuvres auxquelles les particuliers ne peuvent suffire et qui intéressent la masse des actionnaires sociaux.

Ainsi, par exemple, lorsqu'il s'agit de déterminer les lois de la tension de la vapeur par des expériences extrêmement coûteuses et dont les résultats importent, il peut être nécessaire que l'État fournisse des fonds à des savants compétents pour résoudre ce grave problème.

Que l'accès du pôle Nord, en tant que haute et grave entreprise scientifique, soit une de ces questions à propos desquelles on invoque le secours de l'État, cela peut se discuter ; mais on doit reconnaître que ce n'est pas une de ces questions, quelque importante qu'elle soit, qui s'imposent à la volonté des législateurs, qui tiennent à la vie même des nations, et qu'il importe de résoudre sans retards, sous peine de grands dommages ou de lésions dans le corps social. De plus, en supposant que la bienveillance des chefs gouvernementaux fût acquise à un pareil projet, ce dont je n'ai pas le droit ni la volonté de douter, il faudrait soulever une question de budget, et porter ladite question devant les chambres. Or, d'après l'estimation des dépenses faites par les Anglais, on devrait compter sur un crédit de *trois millions*, au plus bas mot, pour réaliser l'entreprise par la voie de l'État. Cela est beaucoup en face de nombre d'exigences plus pressantes et plus légitimes, qui touchent de bien plus près aux besoins les plus impérieux du moment. Et même que de difficultés, que de lenteurs pour arriver à une réalisation par cette voie !!!

D'ailleurs il est bon, il est utile, il est désirable de voir l'initiative privée suffire à ses propres aspirations, en contribuant, même dans une humble part, à resserrer les limites de l'action de l'État dans cette sphère spéciale dont j'ai défini plus haut l'étendue.

En dehors de ces réflexions, il faut reconnaître que les constructions navales, faites en régie dans les arsenaux de l'État, présentent plus de garanties de force et de solidité qu'une construction maritime du commerce prise au hasard; et s'il faut faire construire exprès, les prix de revient augmentent démesurément. Pour un navire destiné à butter à chaque instant contre les glaces, cette garantie de bonté dans la main-d'œuvre et dans la qualité des matériaux est chose bien précieuse.

On pourrait peut-être, — et des renseignements officieux me permettent d'en affirmer la possibilité, — obtenir la cession ou l'abandon par l'État d'un navire solidement construit, corvette d'ancien modèle, déclassée, non utilisée ; et cette part contributive, soit à titre gratuit, soit à titre onéreux pour l'entreprise, ne grèverait en rien le budget de l'État, tout en favorisant l'exécution du projet.

Pour une question non politique, exclusivement scientifique, ce serait une faute grave que de faire intervenir en cause certaines théories spéculatives, exagérées ou réelles, sur l'action de l'État envisagée en elle-même.

Pour mon but, qui est l'accès du pôle Nord, je crois que les plus ardents partisans de l'initiative privée, au nombre desquels je m'inscris, seraient les premiers à admettre une intervention de l'État bornée à ce simple terme : prêt ou cession d'un navire offrant de grandes garanties de solidité. Je ne prétends point qu'il faille absolument réclamer cette part de concours du domaine public, ce qui pourrait peut-être se faire avec succès et sans entraîner de lenteurs; mais je reconnais qu'elle peut présenter quelques sérieux avantages, quoiqu'elle ne soit pas rigoureusement indispensable.

II

Pour subvenir aux frais de son expédition, le docteur Auguste Petermann a organisé une vaste souscription nationale ; une première tentative d'exécution a avorté avant d'avoir franchi les passes de l'Elbe ; la machine s'était détraquée. Quoique l'Allemagne ne soit pas une puissance maritime proprement dite, les quatre grandes villes anséatiques sont toujours à la hauteur de leur antique renom ; leur légitime orgueil maritime venant en aide à la conception d'un savant justement réputé, il n'est pas impossible que la tentative ne soit reprise, et je le souhaite avec ardeur. Tout récemment, cependant, et je l'apprends par une communication de M. Petermann, il a adressé lui-même une demande de subside à M. de Roon, ministre de la marine prussienne ; cette demande a été renvoyée au ministre des sciences, la marine militaire ne devant pas exécuter l'entreprise ; et il n'a pas pu être accordé de fonds sur le budget de 1867.

Pour moi, jamais je n'eusse osé me targuer du fol espoir ou caresser cette séduisante chimère, d'espérer réussir à exalter assez l'enthousiasme de nos compatriotes pour obtenir, par voie de souscription, la somme considérable nécessaire à l'armement. Je n'estimerai pas sous cette forme, avec toutes les conséquences qu'elle entraîne, pouvoir chiffrer à moins de 800,000 fr. le total des dépenses pour une campagne de deux ans, avec un navire à vapeur. Or, quand on songe que les cotisations perçues pour les inondations n'ont guère dépassé 5 millions, on peut comprendre quel retentissement dans tous les organes de la publicité serait nécessaire pour enlever un succès. Ce serait bien beau, il est vrai! Quel spectacle que celui d'un élan pareil! Ces Français, que l'on dit incapables d'agir par eux-mêmes, quel exemple ils offriraient au monde! Mais cela est trop beau pour n'être pas un rêve.

Ha! si ce n'était pas un rêve, la campagne serait magnifique! J'irais franchir le détroit de Behring au commencement de juillet; — pénétrer plus tôt dans la mer Arctique serait une faute; — en poussant droit au Nord, un peu dans l'Ouest, j'irais reconnaître la grande banquise, après avoir traversé quelques champs de glaces secondaires; et, sans hésiter, en brisant les glaces à coup de mines, en refoulant les débris avec le solide avant d'une carène bien consolidée, j'irais mouiller une bouée portant pavillon de France au 90e degré de latitude, avant la fin d'août! La lenteur de ce trajet serait due à des précautions multiples pour éviter les bas-fonds; des embarcations de veille seraient en avant, sonde en main, à un quart de mille du navire, et l'on assurerait ainsi la sécurité de la route contre la présence des bas-fonds, en cherchant *les lignes des grandes eaux*. Un séjour de trois mois dans la mer libre permettrait de délimiter l'hydrographie des contours de la mer polaire, et d'utiliser une riche collection d'instruments pour scruter les lois de la pesanteur, de la chaleur, de la lumière, de l'électricité, du magnétisme, ainsi que pour étudier les conditions spéciales de la faune, de la flore et des assises géologiques des terres limites. L'hivernage au pôle Nord même, en mouillant à côté de la bouée fixée à ce point, serait la conséquence naturelle de l'expédition. Quant au retour, à la saison suivante, il aurait lieu lorsqu'on aurait suffisamment répondu au but scientifique de l'expédition; alors on pourrait reprendre la voie de Behring toujours ouverte, ou bien tenter la passe de Petermann, ce que je n'essayerais, pour ma part, qu'avec les vives et légitimes appréhensions dues à la présence des terres à glaciers et des grandes glaces qui en sont la conséquence.

Sauf l'hivernage, que je sacrifierais, je le confesse, avec un regret indicible, et qui est le seul point de ce programme en opposition avec le moyen financier que j'ai proposé, on peut réaliser tout ce vaste ensemble de recherches, sans bâtir un projet avec les matériaux chimériques d'un capital de 800,000 fr. au moins, volontairement souscrit par un entraînement national qu'un Mirabeau même ne suffirait pas à imprimer. Et encore, ce qu'il faut bien dire, c'est que la somme de 800,000 fr. serait peut-être suffisante entre les mains d'une grande compagnie maritime pouvant couvrir certaines éventualités, telles que risques de mer, etc. ; mais il serait dangereux de s'aventurer dans une campagne d'exploration avec un capital limité, complétement dépensé au départ, sans avoir une réserve pour l'imprévu. En réalité, une souscription nationale devrait dépasser le *million*, sauf à laisser peut-être un faible reliquat.

III

J'ai dit que l'union entre la science et l'industrie était le seul moyen pratique de donner un levier d'action rapide à cette pensée spéculative de conquête du pôle Nord.

Cette union étroite et féconde se montre de plus en plus comme étant le caractère propre de nos sociétés modernes. La science, telle que nous la comprenons, date de Bacon et Leibnitz, de Képler et Galilée, de Descartes et Newton ; sa conception est toute moderne, en tant qu'affirmation des lois inflexibles (négation du caprice) qui régissent toutes les parties de ce vaste univers. Ces lois, dont la recherche et l'examen forment le but propre et l'objet de la science, ou du dogme futur, sont découvertes ou ébauchées, depuis les concepts de cause, de substance, de modalité, de grandeur, de forme, de temps, de force, jusqu'à ceux moins abstraits de corps matériels inertes, corps organisés, corps vivants, êtres humains, agrégats sociaux.

Si une date, indépendante des lieux et des hommes, pouvait être choisie comme *ère moderne*, elle serait fixée au 14 octobre 1492, jour de la découverte de l'Amérique ; avant cette époque, on n'a que des idées fausses ou seulement des lueurs incertaines ; depuis on a des certitudes.

L'industrie à son tour, marchant à pas de géant depuis moins d'un siècle, sous l'impulsion féconde de la science, dans toutes ses branches, a produit un tel effort, dans ce dix-neuvième siècle même si déplaisant à certains détracteurs, que l'on peut dire, faits en mains, que ce demi-siècle a plus fait à lui seul que tous ses aînés. C'est en face d'un élan intellectuel aussi prodigieux que quelques esprits égarés par l'aspect de défaillances momentanées et circonscrites, ont osé parler de l'affaissement actuel de l'esprit humain ! Nous, Français, nous pouvons dire avec une juste fierté que notre pays a une part considérable dans la somme totale des travaux accomplis ; et quand on fera dans quelque cent ans l'histoire réelle de cette époque, c'est-à-dire l'histoire de l'esprit humain, notre page française sera à la hauteur de toute autre page européenne.

Ce sont là des raisons d'un ordre élevé qui viennent étayer le sens général du projet que j'ai formulé et soumis au public, à la suite de ma lecture à la séance générale de la Société de géographie ; je ne regrette qu'une chose, c'est d'être forcé d'indiquer à peine le sens de cette large thèse, pour me restreindre à mon cadre spécial, et en n'en sortant que pour les besoins de ma cause. Cette thèse, en vérité, qui exposerait le *progressus* et le parallèle entre le développement de l'idée spéculative, ses conséquences pratiques, et leurs mutuelles réactions, cette thèse vaut plus qu'un article, plus qu'un discours ; elle vaut un livre.

La science et l'industrie sont deux pôles sociaux ; et même pour une entreprise relativement secondaire. — quoique pouvant marquer une date historique en cas de succès, — il serait utile et glorieux de contribuer à cimenter leur union indissoluble et salutaire, en rejetant, comme un malencontreux souvenir, ces antiques démarcations entre les fonctions, les unes dites nobles, les autres dites viles, qui forçaient un Colbert à créer des catégories de *gentilshommes verriers* et de *gentilshommes armateurs*, dans le but de développer des modes d'activité auxquels des gens de bon ton ne pouvaient condescendre.

Ce n'est pas sans quelques bonnes raisons que j'indique ces points, tout en glissant avec vitesse ; des hommes fort sérieux et très-bienveillants m'ont déclaré nettement que je nuisais à mon projet en l'annexant à une affaire, et en faisant *déroger* la science. Parlez, me disait-on, de la grandeur scientifique de l'entreprise, de l'honneur de notre pavillon, et taisez toute autre considération qui ne peut que détourner l'attention en atténuant l'intérêt de ceux qui pourraient servir votre projet.

Pour moi, je cherche un moyen de réalisation, et c'est tout.

IV

Avec moins de 100,000 fr. on peut avoir un navire de seconde main en bon état ; le radoubage, le blindage de l'avant, la double étrave, les compartiments étanches, les grands charniers en fer... coûteront 100,000 fr.; en ajoutant les vivres de campagne, le matériel de pêche....., et pour 20,000 fr. d'instruments scientifiques, on atteint un chiffre d'environ 300,000 fr. Le navire prend la mer; il est vrai qu'il n'est pas à vapeur, que le bien-être y est restreint: mais il a tout le nécessaire, et, à partir de cet instant, l'opération se suffit à elle-même; — et non-seulement elle se suffit, mais elle peut même procurer aux bailleurs de fonds de larges bénéfices. Que l'on taise cette raison, soit; mais on conviendra que si des hommes sont assez généreux pour consacrer leurs capitaux à une question de science pure, ces mêmes hommes pourront, si on leur rembourse leurs capitaux, protéger à nouveau d'autres grandes recherches, sans épuiser leur bourse non plus que leur bonne volonté. Et il y a tant à faire dans tant de voies!

Le bâtiment part en septembre; je suppose: il traverse l'Atlantique de bout en bout; sur la route, il rencontre le cachalot et divers gîtes baleiniers; avec de l'habileté, de la volonté, un peu de réussite, il peut déjà, avant le cap Horn, déposer dans un port d'escale une somme plus que ronde au compte d'un armateur consignataire de l'entreprise, désigné par les bailleurs de fonds.

Vers le cap Horn, la faune *huilière* devient déjà abondante; sans s'arrêter, le navire va droit aux parages signalés par Ross, entre 72 et 78° Sud. Lui seul y est allé, et a vu «les baleines prendre paisiblement leurs ébats.» Comme lui on forcera les glaces; un mois ou deux après, on doit revenir à Auckland ou à Sidney — deux grands centres, villes neuves de cent mille âmes, — avec 4 à 500,000 fr. de produits que l'on dépose. On remonte tout le Pacifique, en traversant les groupes d'îles peu explorées, en vérifiant les longitudes, en faisant des observations de toute nature, en *photographiant* tout ce qui mérite attention, en pêchant encore le cachalot qui appartient à la faune torride, et l'on pénètre dans la mer de Behring en juin, pour forcer le détroit au commencement de juillet.

Un chef intelligent ne doit pas sortir de la mer arctique sans avoir 300,000 fr. de produits; les bons marins américains considèrent une cueillette de 12 à 1,500 barils, ce qui équivaut à cette somme avec les fanons, comme une réussite médiocre; quelques-uns d'entre eux prennent 20 baleines, ce qui représente environ 500,000 fr. En allant le *premier* dans la mer libre du pôle, on décuple les chances de succès; il faut suivre les routes successives dessinées par les gîtes baleiniers, depuis trente ans surtout, pour comprendre cette assertion : la mer libre du pôle est un refuge jusqu'ici inviolé. Ouvrir le passage à un navire à *voiles* est plus délicat, plus difficile, plus hardi, que pour un navire à vapeur; mais je passerai, où j'y resterai; et mes compagnons ne sont pas effrayés par ce danger théorique et chimérique auquel ils ne croient pas, non plus que moi. C'est une question de résolution et de volonté; rien de plus, rien de moins.

L'hivernage serait inconciliable avec le but industriel, attendu qu'il y a mille à parier contre un que le navire *Boréal* serait bondé de produits après un mois de séjour dans la mer libre du pôle; alors, après avoir satisfait pendant trois mois à sa tâche scientifique, il pourrait tenter la passe de la Nouvelle-Zemble et être de retour en France pour le commencement de décembre, quatre ou cinq mois après avoir franchi Behring; ayant répondu au but réel, qui est l'exploration scientifique, le gain n'étant que le moyen de désintéresser les bailleurs de fonds.

Les six dixièmes des produits seraient attribués au capital pour effectuer le remboursement du principal et des intérêts, avec dividendes s'il y a lieu. Les quatre dixièmes restants seraient la part des équipages. Quarante-sept hommes, en y comprenant un large personnel scientifique de *six personnes*, sont un nombre suffisant. Le rôle scientifique grèvera l'armement d'une somme de 20,000 fr. environ pour l'achat des instruments; quant au personnel correspondant, aucun de ceux qui partent ne sont entraînés par le désir de puiser dans un Pactole. Des indemnités dignes, au départ et au retour pour équipement, ainsi que la charge qui incombe à l'entreprise pour les vivres et dans les rares lieux de relâches, tel serait leur salaire; plusieurs d'entre eux ne consentiraient pas à en recevoir d'autre; parmi eux, quelques-uns de mes amis de la marine obtiendraient des congés spéciaux, qui ne leur seraient pas refusés pour un si noble but, comme cela, d'ailleurs, m'a été accordé à moi-même, et la question d'argent ne leur sert point de mobile.

Il y aurait cependant encore une autre cause de dépense, que je note à part, et qui serait à imputer sur les bénéfices, avant les dividendes; il faudrait que les actionnaires ou bailleurs de fonds consentissent à un prélèvement destiné à couvrir les frais d'impression et de publication des documents scientifiques, pittoresques et artistiques, fruits du voyage. Cette dépense ne serait certainement pas tout entière perdue.

Et, là aussi, je dois ajouter que la somme de 300,000 fr. pourrait suffire entre les mains d'armateurs solides, mais qu'elle serait extrêmement réduite, à moins d'une heureuse occasion pour l'achat d'un navire, en supposant qu'il n'y ait pas un fonds de réserve pour suffire à l'imprévu, et pour attendre les premiers profits; ces profits que je considère comme certains et considérables, n'en ont pas moins un caractère aléatoire; ils peuvent ne pas être immédiats, et ils exigent en tous cas un certain laps de temps pour leur réalisation.

V

Puissent ces lignes rapides, où je n'ai pu qu'esquisser à grands traits le sens de mon projet, mais où j'ai cherché à condenser tous les points essentiels, porter un commencement de conviction dans quelque esprit ambitieux du bien, et pouvant prendre une initiative féconde et entraînante pour d'autres! Il m'a semblé que le cadre général de ces lettres ne comportait pas la production d'un *devis technique d'armement*, que d'ailleurs je serais prêt à formuler si cela était jugé nécessaire, et avec le concours et la participation d'armateurs compétents et connus.

Je ne pouvais point m'adresser à des capitalistes avant d'avoir obtenu l'appui des journaux, appui fondé lui-même sur celui de la Société de Géographie. Je pense, monsieur le directeur, que vous trouverez naturel que j'inscrive à cette place un mot de sincère remercîment pour tous les organes de la publicité qui ont bien voulu occuper l'opinion de cette grande entreprise.

Quant à ceux qui pourraient craindre de compromettre une conception scientifique en l'associant à une pensée rémunératrice, je crois qu'ils envisagent le monde moderne avec la lorgnette du Passé. A l'appui de cette opinion, nombre de bons esprits ont bien voulu me dire qu'ils me croyaient dans le vrai, et me complimenter même sur le sens général de mes propositions.

Un poëte a dit que l'amant de la science irait en chercher la recette, si elle était perdue, jusque dans la bouche d'un volcan. En admettant même que l'on eût à se baisser, ce qui resterait à débattre ; en admettant même qu'il est des métiers vils et des métiers nobles, ce qui pourrait bien prêter matière à sourire pour notre époque ; s'il s'agit d'arriver au pôle Nord :

> On peut bien se baisser pour un si noble prix.

Ainsi j'ai fait, ainsi ferai-je, si je le puis.

Veuillez, monsieur le directeur, agréer, etc.

D'après les communications déjà fort nombreuses faites à l'auteur du projet de voyage au pôle Nord, non moins que d'après les conseils de personnes autorisées, voici quelles pourraient être les conditions les plus propres à permettre une réalisation prochaine de cette grande entreprise d'exploration.

Il serait formé un comité directeur composé de notabilités scientifiques, financières et maritimes.

Ce comité directeur, en patronant l'entreprise, avec l'autorité qui émanerait de noms connus et considérables, aurait une force d'expansion et de publicité que la conviction la plus ardente et la plus solidement établie ne suffit pas à procurer.

Ce comité directeur, après avoir désigné un banquier pour la centralisation des fonds, nommerait les membres d'une commission spéciale chargée de tous les détails de publicité.

Le rôle et la responsabilité des membres du comité seraient uniquement limités au fait de patronage de la question scientifique.

D'après des renseignements officieux et personnels, la formation de ce comité, dont le mandat serait hautement honorable et dont le but serait une question glorieuse pour notre pavillon, semblerait susceptible d'une constitution prochaine.

Un appel de ce comité de patronage à l'attention publique, sous la forme qu'il lui plairait de choisir, trouverait un accueil empressé dans tous les journaux de Paris et des départements.

La *Société du pôle Nord* ne serait plus alors une société par *actions*, mais une société en *participation*, où chacun pourrait apporter une part coopérative dont le chiffre ne serait fixé que par le degré d'entraînement.

Il ne serait peut-être pas impossible, avec l'appui de noms respectables et respectés, d'éveiller dans notre pays un écho assez sonore pour réaliser cette glorieuse entreprise dans des conditions larges et dignes de la France.

Paris. — Imprimé par E. Thunot et Cᵉ, rue Racine, 26.

LES POLYNÉSIENS ET LEURS MIGRATIONS, caractères généraux de la race polynésienne, ses origines et ses migrations, par M. *de Quatrefages*, membre de l'Institut professeur du Muséum. 1 beau vol. in-4 avec 4 cartes gravées. 12 fr.

TRAITÉ DES PROJECTIONS DES CARTES GÉOGRAPHIQUES, représentation plane de la sphère et du sphéroïde, études théoriques, construction et application, par M. *Germain*, ingénieur hydrographe de la marine. 1 vol. grand in-8 accompagné de 14 grandes planches gravées. 15 fr.

RECHERCHES SUR LES RUINES DE PALENQUÉ, DU YUCATAN et autres débris de l'ancienne civilisation du Mexique, par M. *Brasseur de Bourbourg*. Un fort vol. grand in-4. 12 fr.

LES COLONIES ET LA POLITIQUE COLONIALE DE LA FRANCE, par M. *Jules Duval*, vice-président de la Société de géographie. Un beau volume in-8, accompagné de deux cartes du Sénégal et de Madagascar, par M. *V. A. Malte-Brun*. 7 fr.

HISTOIRE DE L'ISLANDE, depuis sa découverte jusqu'à nos jours, par *Xavier Marmier*. In-8 grand raisin, illustré de 30 vignettes sur bois. 20 fr.

HISTOIRE DE LA SCANDINAVIE, Danemark, Suède et Norwége, par *Xavier Marmier*. 1 vol. in-8, grand raisin 10 fr.

RELATION DU VOYAGE DE LA COMMISSION SCIENTIFIQUE DU NORD en *Scandinavie*, en *Laponie*, au *Spitzberg* et aux îles *Féroë*, par M. *Xavier Marmier*, membre de la commission. 2 vol. in-8, grand raisin vélin. 32 fr.

MADAGASCAR, possession française depuis 1812, mœurs et coutumes, géographie, histoire, conquête et colonisation, par M. *Barbié du Bocage*. 1 vol. in-8, accompagné d'une grande carte dressée par M. *V. A. Malte-Brun*. 7 fr. 50 c.

LA GUERRE D'AMÉRIQUE, résumé des opérations militaires et maritimes, campagnes du Potomac et du James River, campagnes de l'Ouest et du Mississipi, campagnes maritimes, par M. *A. Kratz*, auditeur au conseil d'État. In-8 accompagné de trois grandes cartes coloriées. 3 fr. 25 c.

HISTOIRE DES NATIONS CIVILISÉES DU MEXIQUE ET DE L'AMÉRIQUE CENTRALE, durant les siècles antérieurs à Christophe Colomb, écrite sur des documents originaux et entièrement inédits, puisés aux anciennes archives des indigènes, par M. l'abbé *Brasseur de Bourbourg*, ancien aumônier de la légation de France au Mexique et administrateur ecclésiastique des Indiens de Rabinal (Guatemala). 4 forts vol. in-8 raisin avec carte et figures. 45 fr.

VOYAGE AU GOLFE DE CALIFORNIE ET NUITS DE LA ZONE TORRIDE. Grands courants de la mer, courants généraux atmosphériques, usage de la vie maritime, tempêtes, poissons et oiseaux de la mer, mœurs et coutumes de diverses races humaines, dates historiques relatives au Nouveau-Monde, du Sonora et basse Californie, produits, mines, volcans, etc.; pêches des perles, chaînes des Cordillères, ses forêts, etc., etc., par M. *C. Combier*. Un beau volume in-8 accompagné d'une carte de la Sonora, dressée par M. *V. A. Malte-Brun*. 7 fr.

L'AUSTRALIE INTÉRIEURE, voyages et explorations entrepris à travers le continent australien, de 1860 à 1863, par M. *Charles Grad*, membre de la Société de Géographie. 1 vol. in-8 accompagné d'une grande carte coloriée, dressée par M. *Malte-Brun*. 4 fr. 50 c.

LE FLEUVE BLANC, notes géographiques et ethnologiques et chasses à l'éléphant dans le pays des Dincka et des Djour, par M. *Jules Poncet*, négociant et voyageur à Khartoun. 1 vol in-8 accompagné d'une carte dressée par M. *Malte-Brun*, secrétaire général de la Société de Géographie. 4 fr. 50 c.

LES GLOIRES MARITIMES DE LA FRANCE, biographie des marins, découvreurs, ingénieurs, médecins, hydrographes, etc., etc., les plus célèbres, par MM. *Levot*, bibliothécaire du port de Brest, et *Donneaud*, professeur d'histoire à l'École navale. Un très-fort vol. in-12. 4 fr.

LE JAPON, histoire, description, mœurs, coutumes, religion, rapports et traités avec les Européens, par MM. *Fraissinet* et *Malte-Brun*. 2 beaux volumes in-12 accompagnés d'une grande carte coloriée. 6 fr.

VOYAGE A LA COTE ORIENTALE D'AFRIQUE, exécuté par le brick *le Ducouëdic*, sous le commandement de M. *Guillain*, capitaine de vaisseau, publié par ordre du gouvernement. 3 vol. grand in-8 et 1 atlas grand in-folio composé de 60 planches (cartes, plans, vues, costumes, portraits, ethnologie, ethnographie, etc.), d'après des épreuves daguerriennes et les dessins de MM. *Caraguel* et *Bridet*, enseignes de vaisseau, avec plusieurs grandes cartes gravées. 102 fr.

JOURNAL D'UNE RÉSIDENCE EN CIRCASSIE, par *Stanislas Bell*; ouvrage traduit de l'anglais, augmenté d'une introduction historique et géographique, et de notes tirées d'ouvrages récents et non traduits, par *L. Vivien de Saint-Martin*. 2 vol. in-8 accompagné de plusieurs planches et carte. 22 fr.

DE LA RÉUNION DE LA MER CASPIENNE A LA MER NOIRE, par M. le docteur *Bergstraesser*, conseiller d'État et directeur des salines du gouvernement d'Astrakhan. In-8 avec une grande carte. 4 fr.

LE FLEUVE AMOUR, nouvelles acquisitions des Russes dans l'Asie occidentale; le fleuve Amour, d'après les documents originaux et les notes publiées pour la Société de géographie de Russie, suivi du Journal de l'exploration du fleuve faite par M. Permikine, par M. *V. A. Malte-Brun*. In-8 accompagné d'une carte. 3 fr. 50 c.

VOYAGE EN PALESTINE, exécuté par M. *V. Guérin*, chargé d'une mission scientifique par S. Exc. M. le Ministre de l'Instruction publique. In-8 avec une carte itinéraire. 3 fr. 50 c.

Paris. — Imprimé par E. Thunot et C°, rue Racine, 26.

www.ingramcontent.com/pod-product-compliance
Ingram Content Group UK Ltd.
Pitfield, Milton Keynes, MK11 3LW, UK
UKHW021816190726
13853UKWH00003B/1028